JN410827

녹　차
綠茶를 들며

이상범 시집

1967년 『일식권』(금자각) / 1976년 『가을입문』(분도출판사) / 1979년 『묵향가에 • 미닫이 가에』(우석출판사) / 1980년 『아, 지상은 빛나는 소멸』(문학신조사) / 1985년 『꽃 • 화두』(영인문화사) / 1987년 『하늘의 입김 • 땅의 숨결』 난시화집(청담문학사) / 1989년 『시가 이 지상에 남아』(청담문학사) / 1990년 『내 영혼 은 스푼은』(민족과 문학사) / 1993년 『하늘 아래 작은 집』(토방출판사) / 1994년 『고요 시법』(토방출판사) / 1995년 『오두막집 행行』 펜화시집(토방출판사) / 1997년 『별』 대표시집(동학사) / 2000년 『신전의 가을』(동학사) / 2000년 『꿈꾸는 별자리』(태학사) / 2001년 『풀빛 화두』(책 만드는 집) / 2004년 『풀무치를 위한 명상』(동학사) / 2004년 『시인의 감성화첩』 시화〈칼라〉집(토방출판사) / 2007년 『꽃에게 바치다』 디카시집 • 1(토방출판사) / 2011년 『풀꽃시경詩經』 디카시집 • 2(동학사) / 경향신문(2008년~2009년초, 주1회 〈이상범의 디카시〉를 오피니언 난〈사설이 실린 난〉에 1년여 칼라로 발표한 시詩 중 50편을 가려 시집에 수록) / 『한국시조작품상 수상작품집 (21명 • 20년간)출간, 한국시조사 대표 이상범 시상施賞(고요아침출판사) / 2012년 『햇살시경詩經』 디카시집 • 3(동학사) / 2013년 『한국대표명시선100 화엄벌판 이상범』(시인생각출판사) / 2014년 『하늘색 점등인』 디카시집 • 4(고요아침출판사) / 2016년 『초록 세상 • 하늘 궁궐』 디카시집 • 5(고요아침출판사) / 2017년 『쇠기러기 설악을 날다』 디카시집 • 6(해드림출판사) / 2018년 '푸득이면 날개가 되는' 디카시집 • 7(해드림출판사) / 2019년 『녹차綠茶를 들며』 디카시집 • 8(해드림출판사)

綠茶를 들며

초판 1쇄 인쇄 2019년 10월 20일
지은이 이상범
펴낸이 이승훈
펴낸곳 해드림출판사
주 소 서울 영등포구 경인로82길 3-4(문래동1가 39)
센터플러스빌딩 1004호(우편 07371)
전 화 02-2612-5552
팩 스 02-2688-5568
E-mail jlee5059@hanmail.net

등록번호 제87-2007-000011호
등록일자 2007년 5월 4일

* 책값은 표지에 있습니다
* 잘못된 책은 바꿔드립니다

ISBN 979-11-5634-372-1

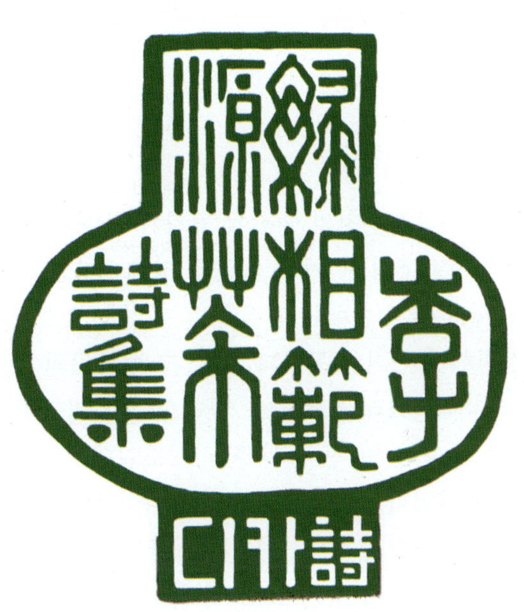

녹차와 식파정息波亭, 그리고 선禪으로의 긴 여정

진천 백곡저수지의 중심에 정자가 하나 있다. 이름하여 식파정息波亭이다. 마음 파문을 잠재운다는 뜻의 정자다. 출세라 할 정치에는 관심을 두지 않고 오로지 시문에만 정진했던 선비인 듯하다. 바로 그 이득곤의 호가 식파정息波亭이다. 그래서 벼슬을 멀리했던 선비들이 경향 각지에서 몰려와 몇 잔 술과 차茶로 소일하며 고담준론을 펼친 곳이었다. 아직도 시문의 목판이 남아 있다. 왜 출세라 할 벼슬을 멀리했던가? 자칫 잘못되는 날엔 목숨을 잃거나 유배를 당하는 일이 허다했던 광해군 시대가 아니었던가!

이제 차茶 이야기로 돌아가자! 녹차를 드는 층은 연령이 다소 높다. 젊은이들은 한물간 구세대로 여길지도 모른다. 그러나 난 아직도 그 녹차 계열에 속해 있다. 녹차(이 계열에 속하는 차에는 수십 가지 이름이 있다)를 선호하는 무리 속에 내가 있다. 그러나 녹차는 불가佛家에서 선禪으로 가는 긴 여정의 길동무가 된다고 믿고 있다.

선禪도 하나의 깨우침이니 차의 효험이 제법 클 듯싶다. 먹으로 치면 진한 묵墨이기 보다 물을 좀 섞어 번짐의 효과를 낼 수 있는 담묵일 것이다. 선禪이란 자기도 미처 모르게 젖어드는 평정심平靜心이리라. 연민과 따듯한 마음 쓰임은 바로 휴머니즘의 지름길이 되기도 하기 때문이다. 풀빛 녹차가 냉冷이라면 숙성시킨 녹차 계열(약간의 갈색이 감도는)의 작설이나 오룡차, 특히 보이차는 온溫으로 겨울에 마시면 군불을 땐 듯 몸이 훈훈해진다.

그에 비해 커피는 거의 모든 이가 즐기고 있다. 그 많은 커피점이 이를 방증한다. 그러나 커피는 자극적이다. 그러기에 현대는 재미롭다. 까닭에 난 녹차도 들고 커피도 마시는 것이 일상화되어가고 있다. 그러나 언젠가는 녹차가 사랑받는 국민의 차가 될 날을 믿고 싶다. 사진과 그림(수채화, 핸드폰 그림)과 시의 차茶시집을 엮었다. 식파息波(파도를 잠재움), 그렇다 과도한 욕망을 잠재우며 선禪으로 가는 길의 담담한 길잡이 도우미로 녹차를 택하였다. 끝으로 차시집의 차시 68편 중 기출간된 시집 속의 차시가 18편이고, 신작이 50편임을 밝혀둔다. 이 시집의 출간을 기꺼이 맡아준 해드림 출판사의 이승훈 사장님께 진심으로 고맙다는 말씀을 드린다.

2019년 10월

이상범

차례

II

III

Ⅳ

茶碗

I

개화 직전의 도라지꽃, 표주박

차시茶詩 • 1

쪼르르… 쪼르르…

방안을 밝히는 소리

그 보다 초록의 세상

온 우주 흔드는 소리

낙수가 바위에 구멍을 내듯

그리 뚫릴 나의 혼줄.

저자의 사피유 다완

차시茶詩 • 2

찻잔에 풀린 작설雀舌

연잎인 듯 두 손에 받다

내가 나를 공양하여

연록 빛 눈에 넣으면

어룽 속 펼쳐지는 산수山水

비껴가는 깃털 구름.

미소가 있는 여래불상

차시茶詩 • 3

반야차 자꾸 마시면

청정한 무엇이 될라

반야를 반야로 마시면

결국은 부처가 되는 걸까

연일은 부처를 마시며

허 허 웃음 웃어 본다.

하얀빛의 소심난素心蘭

차시茶詩 • 4

눈부신 소심 한 대

바람에 흔들리는

연록軟綠을 한 입 물고

턱을 괴고 창가에 앉으면

세상은 초점 맞춘 꽃자리

무릎 꿇은 사팔뜨기….

백곡 저수지가의 식파정

파도를 잠재움

-녹차를 들며

스스로를 다스리는 일

그 것이 식파정息波亭※ 이다

벼슬길에 나아가면

그것이 곧 화가 되던 시대

차 들면 선비들 시 읊는 소리

귀에 잠잠 건히는 파문….

※식파정息波亭 : 학문에만 정진했던 이득곤(1616년, 광해군때)의 호가 식파정, 정자엔 당시 문객의 시문이 판액으로 남아있다. '마음 파문을 잠재운다는 뜻'의 정자다.

신흥균 화백의 다완

물소리

-녹차를 마시며

물소리 베고 누우면

별자리도 자리를 튼다

적막의 끝을 잡고

한 생각 종지로 밝히면

구천동九千洞 여문 물소리가

산을 끌고 내려온다.

고무나무 새순, 녹색 다관

풀빛 다관

풀빛 다관 우린 녹차

새눈 뜨듯 신통할까

가끔은 차 한 잔 들며

생각 없이 앉고 싶다

창밖엔 쏟아지는 햇살

흔들리는 나뭇잎.

정수사다실 淨水寺茶室

황홀한 초록

-작설차를 들며

골안개가 산새소리 정상으로 끌어 올린다

연보라 현호색이 무리지어 꽃피운 날

고요도 연두색 입혀 찧고 있는 빼꾹 소리…

스님과 녹차 한 잔 생각 그도 비운 날은

숲이 푸는 밝은 어룽 하늘이 쓰는 낙서도 읽고

초록의 황홀한 무늬 찻잔 속에 눈을 뜬다

화개골 끽다거 찻집

안개 등

-작설차를 들며

돌 개울 물소리가 연록을 밀어 올린다

아플 거야 눈엽의 불티 톡톡 튀는 안개등

뾰죽한 참새 혓바닥 지리산이 감미롭다.

화개골 시인의 손에 태어나는 찍다거 차

몇 십 년 비빈 끝에 초록 비결 손에 쥐고

한 모금 목축인 청명 온 하늘이 몸을 푼다.

솔숲 속의 달빛초당

소리 집 1

-달빛차를 들며

해종일 물소리가 소리 집을 짓고 있다

초당마루 헌 잠뱅이 반백의 선비 하나

가난도 분나는 기운 오두막을 평정했다.

남새야 산허리를 개간하면 푸푸했고

두어 달 작설차를 손수 비벼 장만하면

초당엔 달빛을 먹여 시詩도 찻물 들었다.

저자가 그린 다완

물안개

-녹차를 들며

김이 찻잔을 돌며

물안개를 거둔다

혀끝에 와 소멸되는

그 기운 삶을 뒤집으며

내생에 보일 얼굴 하나

맑고 밝게 떠낸다.

당 잔대 꽃

진보라의 종소리

-우전차를 들며

당 잔대 너 무쇠였다면

종소리를 냈을 것이다

바람 불면 공 공 울릴

절집이었을 것이다

어여쁜 진보라의 산울림

고요 향을 모신 자리….

호수 위에 작은 찻집

떡갈잎 지는 밤에

분당의 후미진 곳 호수 위에 작은 찻집

문득 나를 찾아 들고 걸어서 오르던 길

도자기 몇 점 어수룩한 산바람에 귀를 연 집.

마음 허공 헤매던 날 소로를 거닐다 다다른 곳

작설 한 잔 갈증 풀고 사고의 창 다시 열어

등불 속 떡갈잎 지는 밤에…

첫눈 속 오솔길 덮는 밤에….

파라다이스 호텔에서 바라본 서귀포

커피 • 서귀포 • 바다

-1996년도 서귀포

벼랑의 파라다이스 깊은 옥빛 바다 색깔

스무 해 넘게 지나도 지우지 못한 바다

아직도 색칠한 물빛 안 잊히는 초록 바다.

그 바다 일러준 그 시인은 떠났어도

그가 남긴 글의 울림 시의 눈은 번뜩이고

청옥 빛 서귀포 앞바다 가슴에서 출렁인다.

거제면 앞바다 풍경

풍광을 마시며

-작설차를 들며

차 한 잔 하시지요

풍경이 건네는 모습

능곡※의 입담을 얹어

응답하여 잔을 든 산세

한나절 풍광을 마시면

해금강이 곁에 왔다.

※능곡 : 이성보 시인의 아호

선운사 찻집 창

녹차 잔에 녹아든 선운산

창창한 녹색의 숲

계곡물엔 산천어 떼

찻집 창은 그늘의 고요

흡수해 맑은 기운

찻잔에 녹아든 선운산

풍경 소리 듣고 있다.

작은 카페

맹물이 끓는 찻집
-보이차를 들며

눈이 오면 주전자엔

백비탕白沸湯※의 작은 카페

변방의 기를 당겨

깃을 단 시의 편린들

잔 눈발 창가를 돌면

설악雪岳이 와 앉는다.

※ 백비탕白沸湯 : 맹물을 끓임

II

고려쩍 앳질의 찻잔

앳질※

-수종사에서

팔당호 발아래 펼치고

작설차를 들다보면

차 빛깔이 번져 와서

풀물 드는 독경소리…

금 따라 찻물 배인 찻잔

실눈 뜨는 마음자리.

※ 앳질 : 자기瓷器에 가늘게 금이간 것을 경상도에선 앳질이라고 함.

통나무 좌대, 넉 잔의 말차 잔에 띄운 꽃망울(다육이의 꽃망울)

선미禪味

-길상다원에서

하안거 동안거의

수행이 끝날 무렵

차와 다기 마련하고

말차 들며 전하는 소식,

찻물에 수행修行을 녹여

선미禪味 조금 맛보란다.

먹물로 친 저자의 소심 난

초승 달빛차※

-칠불사 가는 길에

지리산을 풀어 마시니

물소리가 깨어났다

한 모금 다시 마시니

하늘빛 더욱 맑고

초록 물, 입에 물고서

산을 내려 놓는다.

※초승 달빛차 : 우전차雨前茶의 다른 이름.

일지암

자연법 1

-작설차를 들고

옛 주인 뜻이었을라

이엉 없은 작은 지붕

삶 또한 허름한 입성

산기운에 맡겼었다

차와 선禪, 그 너머 시 서 화

뒷짐 지고 가는 초의※.

※초의草衣 : 초의 선사

한지로 바른 전등갓

철학이 와 감기는 불빛

누렇게 익은 불빛 보이차를 들면 된다

몸체에도 누렇게 물든 빛이 자꾸 쌓여 가고

익은 등 익은 생각에 철학이 와 감겼다.

조용한 선각의 말 귀에 자꾸 감겨 오는

생각의 끝에 앉아 눈길 낚시 드리우면

저승의 그 너머 까지 환이 들어 올린다.

타조알에 새긴 심무용 서각가의 반야심경

자연법法 2

-어느 대웅전 처마 밑 작설차를 들며

장대비 처마 밑은 철학 수업 강단이다

나직한 반야심경 등 뒤에다 걸어 두고

자연이 설하는 특강을 넋 잃은 채 듣고 있다.

꿀벌의 비상, 핸드폰 그림

꿀벌 나는 창가에

녹차 한잔 들고 나면

눈 당기는 꿀벌의 창

음 삼월 꿀을 긷는

저 바쁜 죽지 소리…

새 생명 부싯돌 치는

잉잉대는 초록 숨결.

수리 취 꽃대

수리 취 꽃대

보초 서다 페치카 곁

녹인 몸에 커피 한 잔

수리 취 꽃 눈서리 침針

망원경 속 엷은 보라,

그 초소 떠난 지 오십 여년

눈(目)에 찍힌 보라 꽃.

저자가 그린 회전목마 머그잔

녹차를 들며 1

목마 한 번 돌고 가면

바뀌어야 하는 세상

바닥을 치다가도

금세 뜨는 세상살이

돌면서 오르락내리락

틀 속 나는 벗고 싶다.

모과

모과가 익는 절 풍경

-모과차를 들며

황금빛 생각의 둥지 울퉁불퉁 향을 뿜는

절하나 환히 밝혀 산은 온통 타고 있고

수희隨喜로 풀어가는 충만 눈이 마냥 부셨다.

익을 대로 익은 신앙 허공중에 매단 화두

기도를 불태워 하늘에 쓴 금강경을

이 세상 열어 제친 문 부처 지금 환하시다.

정일근 시인의 다운재茶雲齋 창

다운재茶雲齋의 창

-작설차를 들며

갈색 마포 볕 가리개 반쯤 올린 네모난 창

은백색 눈부시게 손짓하는 억새꽃들

비워서 빛나는 세상 여기 와서 보라한다.

대왕암의 바다에선 차 맛 돋운 남색 바람

해종일 하늘을 닦아 쪽빛 한층 높아 가고

서늘한 가슴의 둥지 높다랗게 밝았다.

남산의 단풍

마호병의 커피

남산을 오르다 말고

단풍 물든 숲에 들었다

연인은 오솔길 말고

단풍 옷을 갈아입었다

벤치서 꺼낸 마호병

그게 바로 선禪이었다

대미골 소리집

소리 집 2

-보이차를 들며

소백산 내리바람 대미골※을 뒤흔든다

날려 갈 듯 날지 않는 오두막은 들먹였고

봉창 속 생각하는 사람 긴 묵상에 잠겨 있다.

송이와 검정 염소 삶의 기본 꼽쳐 두고

생각의 흙벽돌로 성을 쌓는 소리 집엔

눈보라 수수꽃 피어 철학이 와 뒹굴었다.

※ 대미大尾골 : 소백산 꼬리부분의 큰 계곡.

화개 골 대숲의 되새가 하늘을 난다

되새의 천둥소리

-2005년 겨울

죽로차 들다 고개 들면

대숲에 바람이 일었다

되새 수만 마리가

춤을 추는 천둥소리…

또 몇 잔 마시자 되새는

대숲에 와 잠이 들었다.

장지성시인이 사는 영동의 카페 창

시골 카페

과수원은 시인의 땅

태풍마저 비껴가는 곳

머잖은 시골 찻집

작설차는 혀끝을 적셨고

월류정月留亭 맑은 물빛이

찻잔에 와 감겼다.

어수룩한 찻집의 봉창

봉창封窓

-녹차를 마시며

봉창의 큰 차자茶字가

안팎에서 편안하다

팽주烹主※는 차의 달인

수 십 가지 풍미를 건네고

봉창 속, 아는 이 아는

댓잎 방석 고요 찻잔….

※팽주 : 차를 다려주는 주인

소엽풍란의 개화

절벽의 풍란 향

작설의 세작을 우린

몇 모금에 뜨는 바다

어느 새 거제 해금강

소엽풍란 향을 맡는

진녹색 바다와 벼랑

까마득한 높은 향기.

III

설악을 나는 백조, 고니!

백조의 비상

하오의 설악을 나는

백조를 보며 녹차 한 잔

꼬리에 꼬리를 물고

하얀 새의 한 끈 비상

십년 뒤 우전雨前을 맛볼 무렵

내 가슴엔 죽지 소리….

수염 틸란드시아 꽃

실타래가 전하는 말

죽로차竹露茶 한 모금

꽃집에서 마셨다

실타래 연두색 꽃

세 이파리 눈 여겨 본다

실 가닥 찍힌 삼발이 꽃

소小 · 미美 · 진眞, 세 마디 말.

보탑사 가는 길가 어느 카페의 서각書刻을 변용

깃을 치는 백자 학
-오룡차를 마시며

입구의 고중락苦中樂 서각

서체가 친근하다

어려움 속에도 즐거움

잊지 말고 살자 한다,

뾰족 산 고난의 등정

깃을 치는 백자 학….

오시인이 아끼는 수선화

오목이석재五木二石齋※

제주의 곰보돌과

으스스한 이른 봄 날

바람 부는 양지에 핀

수선화의 오목이석재五木二石齋

금잔에 우전을 풀어

담소하며 음미 할까.

※ 오목이석재五木二石齋 : 이사하는 오승철 시인의 서재 이름, '나무 댓 그루 돌무더기 두어 개'란 소박한 이름을 지어줌.

후꾸시아 꽃, 천사의 춤 • 요정의 춤

천사의 춤 • 요정의 춤

-녹차를 들며

후꾸시아 너를 보면 날아가는 요정 생각

그 보다 천사의 춤꾼을 맨 먼저 생각한다,

진홍색 저고리와 남치마, 춤의 맵시 어여뻤다.

붉은 안경, 왕관 씌우면 천사의 춤, 요정의 춤

후꾸시아 춤의 둘레 몰려드는 눈망울이여

날면서 옮아가는 춤사위, 요정의 춤 천사의 춤.

향을 뿜는 대엽 풍란

청와헌聽蛙軒[※1]의 풍란

-녹차를 들며

멀리 개구리 울음

시상詩想을 가다듬던 곳

봄이면 대엽풍란大葉風蘭

삼이웃이 놀라던 향기,

삼십년 지나 '털보네 차'[※2]

풍란 향도 동봉 했다.

※1.청와헌聽蛙軒 : 과거 필자의 서재 이름. 개구리 울음소리를 듣는 서재라는 뜻.

※2.'털보네 차' : 풍란을 좋아한 강기주 시인의 숙성한 녹차 이름.

가을의 외등外燈

가을 황금마차

벤치에 커피 한 잔

은행을 감상하면

샛노란 잎의 품위

외등은 금빛 조명

나 항시 돌아갈 영원

꿈의 가을 황금 마차.

저자가 그린 죽로차 머그잔

되새 떠난 대밭

죽로차 맑은 기운

밝은 초록 문득 잡힌

빼꾸기 하늘 허공

방아 찧다 뚫린 소리…

되새[※]가 상모 돌리던

워밍업도 보고 싶다.

※되새 : 대밭을 훼손한 이후엔 찾아오지 않는다.

대숲에 쌓이는 눈발

대숲과 눈발

잔 눈발이 싸륵싸륵 큰 산을 덮고 있네
눈 못 뜨는 눈의 궁궐 대문 앞 대숲이 젖는
숙성한 죽로차 들면 천사의 춤 신바람 춤.
눈꽃 마을 천지간에 춤판의 덩실 춤을
눈발의 춤, 굴뚝새 춤, 차새의 춤, 되새의 춤,
대숲도 덩달아 춤사위 눈바람이 산을 덮네.

조명 하트 터널

사랑학 개론

-코코아 한 잔 들고

사랑을 알기 위해

하트 속에 들어갔다

빛과 형상의 하트

사진으로 찍어 두었다

소녀는 갸웃한 미소

하트 살짝 만져 본다.

댓잎 이슬 머그찻잔

댓잎 이슬

-죽로차를 들며

꽃사슴 눈에 반짝

하늘 빛 실비 이슬

차나무와 대나무가

함께 살아 가꾼 기운

두 향이 승화한 이슬

차의 풍미 한결 높다.

나무에 걸린 유리 색등

청사초롱

저문 밤 추워지면

따끈한 보이차다

어두움이 짙어지자

등이 창밖 나무에 걸려

그랬다, 손님을 맞을

청사초롱 등이 된다.

저자가 그린 백매 머그잔

백매白梅의 창

작설차 들고 앉으면

귀 시린 꽃샘추위

창에 걸친 매화가지

할 말 있나 기웃 거린다

햇살에 녹인 몸이어도

떨고 있는 꽃잎 꽃잎.

저자가 그린 은방울꽃 머그잔

향의 새가 날아

자잘한 꽃 피운 숲에

이파리 속 은방울 꽃

녹차로 목을 축이면

폐부에 젖는 소리와 향

그 맑은 트라이엥글 소리

향의 새가 날고 있다.

저자가 그린 토종 깽깽이풀꽃 머그잔

깽깽이 풀※ 이름 붙이기

깽깽이 풀 한 무더기

녹차 마시고 찍어 두었다

다음 해도 실한 보라색

뽑아 올려 황홀할 게다

꽹과리 마구 두들기면

꽃잎 죄다 떨 굴 거야.

※깽깽이 풀 : 농사철 4, 5월에 핀다. 그래서 한량이, 땡땡이, 깽깽이로 불린다. 멸종위기식물.

저자가 친 중투호 소심 머그잔

중투호의 소심 출산

중투호 산모産母 상할까

꽃을 꺼리는 이도 있다

녹차 들며 꽃대를 보다

한참을 생각에 잠긴다

중투호 출산을 지켜보다

다시 놀란 연록 소심.

저자가 그린 루드베키아 솜털 이슬 머그잔

이슬 속 꽃의 얼굴

녹차 한 잔 마시고

돋보기 속을 찍는다

수십 차례 반복하다

문득 얻은 이슬 속 꽃잎

카메라 하늘 눈 뜨고

낚아채는 얼굴 얼굴.

IV

저자가 그린 수련의 머그잔

몰래 떠나 에인 사랑

하트형 이파리가

피워내는 수련 두 송이

머그잔에 담긴 녹차

수련 방싯 떠오른다

반백년 전에 몰래 떠나간

눈에 감겨 에인 사랑.

저자가 그린 은단 덩굴 열매 머그잔

수정 등燈

-녹차를 마시며

꽃집이면 매달린 트리안※

사초만한 꽃이 핀다

그러나 열매를 본 이는

귀하게도 흔치 않다

하늘 손 조각한 수정 등燈

세상 깨우는 요령소리… .

※트리안 : 은단 덩굴의 원명原名.

저자가 그린 연잎 이슬 머그잔

냉커피와 에메랄드

연 밭에 스치는 바람

희끗 희끗 뒤집힌 연잎

소나기 몇 차례 지나고

햇살 마냥 쏟아진다

연잎엔 수만 에메랄드

한꺼번에 눈을 뜬다.

차새(콩새)가 차나무에 둥지를 틀고 옥빛 알을 낳았다

차茶새 알※1

-달빛차※2를 마시며

화개골 차밭에는 어여쁜 콩새 둥지

차나무가 뿜는 기운 청옥 알을 품은 어미 새

고운 시詩, 가꾸는 숨결의 향을 보태 옥구슬.

정성의 차밭에는 오월 콩새 알을 깐다

차새 둥지 청옥 알엔 옥빛 눈의 아기 콩새

차밭엔 콩알 몸집의 트라이앵글 옥빛 소리….

※1: 차새(콩새)의 차나무의 둥지 속, 청옥 빛 알을 김 필곤 시인이 촬영 해 보내왔다.

※2: 〈달빛차〉는 김 시인이 제작한 녹차의 고유 명칭.

저자가 그린 화살나무 열매 머그잔

보은報恩의 열매

화살의 꼬리 부분

깃털 닮은 화살나무

빨간 잎 빨간 열매

그새 받은 크신 은혜

활시위 하늘로 당기면

보은이 될 천상열매.

핸드폰으로 그린 곰 인형

인형과 아기 눈

-녹차라떼를 마시고

핸드폰 곰 인형 주자

아기 눈이 빛났다

곁에 와 친할아버지

해달라기에 해줄게 답했다

인형은 인형을 넘어

떠날 때는 배꼽 인사.

※아기 뒤엔 엄마의 동선이 있었다.

저자의 펜화, 봉당의 야생화

별나라 야생화

식후에 커피 한 잔

봉당의 꽃 어머니 꽃

어머니의 먼먼 고향

안골 풍광 떠오른다,

어머니 사시는 별나라엔

야생화도 짱이지요…

수정빛 풍선 닮은 젖무덤, 립살리스.

풍선 닮은 젖무덤 생각

-녹차를 들며

죽죽 늘어진 줄기

수정 티눈이 자라

후하고 바람을 넣었나

풍선만한 젖무덤이네

배고픈 곤충 다 모여라

요기하는 예쁜 꼭지.

녹차 라떼 찻잔

강강수월래

-녹차라떼를 마시고

파란 거품 위에 인연

사랑과 사랑의 은고리

위로는 하늘로부터

오두막의 필부까지

사랑의 강강수월래

원무 속에 걸린 낮달.

김 성호 화백에게서 받은 〈대숲과 오두막집〉

대숲과 오두막집

-세한도를 꿈꾸며

대숲과 오두막집

작설차는 꿈꿔온 삶

항시 지필묵 곁에

선비 하나 ㄴ(니은)자字다

차 한 잔 대 바람 소리

넘긴 책장 스며들고….

색지로 만든 연등

연등蓮燈

초파일이 다가오자

색등이 유난히 곱다

녹차 잔에 띄운 연등

백팔배가 스쳐가고

소망은 연등의 소용돌이

부처 둥 둥 하늘 둥 둥.

냉이꽃대 이슬, 루비 이슬

커피와 루비 이슬

꽃을 찍다 지친 날은 냉커피로 더위를 식혀

장사를 비운 가게엔 냉이 꽃대 수북이 자라

분무기 붉은 물감을 냉이꽃대에 뿌렸다.

붉은 물방울이 찍혀 이슬이 되는 시간대

루비로 둔갑하여 사진 속에 눈을 뜨면

냉커피 미더운 생각 루비 이슬 경이롭다.

제주 애월의 카페, 바다가 보이는 창

커피 • 애월 • 바다

모두는 고요의 바다 흔들리길 바라는 눈치

커피 잔에 사랑의 신神 찰랑 찰랑 춤을 추면

안개 속 바다는 소용돌이 달 속으로 빨려갔다.

달이 토한 애월의 바다 잠잠한 수평이다가

그 달이 숨이 닮아 바다와 한 몸이 되면

신화는 바다가 삼킨 달, 사랑 후렴 듣고 있다.

최성국시인의 농장서 본 한라산과 눈꽃수선화

한라산과 눈꽃수선화

커피 들며 중병 뒤의

통증 치료 회복을 본다

아픔 이긴 자국마다

녹색 점點의 스노프레이크※

눈을 인 한라엔 안개바람

쑥 효험과 눈꽃 수선水仙.

※스노프레이크 : 눈꽃수선화의 원명原名.

저자의 대몽일각, 다완

대몽일각大夢一覺[※1]

-말없는 윤석산 시인께

해안 카페 녹차 한 잔

대화는 메모판으로

정작 할 말 못하고 와

눈이 가는 도라지청[※2]

큰 꿈을 한 번에 깨우치듯

그리 풀릴 꿈을 꾼다.

※대몽일각大夢一覺1 : 큰 꿈을 한번에 깨우친다는 뜻.

※도라지청2 : 목을 부드럽게 치유한다는 도라지청.

오희숙 화가의 다완 그림

녹차를 들며 3

초록의 곁에 앉아 연초록을 마십니다

온 몸을 물들이는 녹색의 밝은 향기

먼 생각 지리산 닮은 물소리를 듣습니다.

초록을 푼 따끈한 물 몸에 실려 자연이고

돌 개울 물소리가 산수화를 그릴 즈음

눈부신 초록을 마시며 맑은 숲을 펼칩니다.

김포 들꽃풍경, 은방울꽃

오룡차와 신종神鐘

여섯 송이 향을 꽂아

꽃꽂이를 완성했다

은방울이 흔들리며

울림의 성이 된다

미美와 향 깜찍한 종루鐘樓

하늘 울릴 작은 신종神鐘.

작품 해설

전위적 예술 감각과 멀티적 상상력

이상범 디카시조론

권갑하(문화콘텐츠학 박사. 한국문인협회 부이사장)

전위적 예술 감각과 멀티적 상상력
이상범 디카시조론

_권갑하(문화콘텐츠학 박사. 한국문인협회 부이사장)

1.

한국 문단에서 이상범 선생만큼 전위적 예술 감각과 멀티적 상상력으로 장르 융합적 창작 활동을 펼치고 있는 시인은 드물다. 영상시대의 도래로 2000년대 들어 문학의 위기, 시의 위기 시대를 맞고 있지만, 이를 능동적으로 극복하려는 실천적 노력을 보이는 문인은 많지 않은 상황이다. 특히 전통의 무게를 가벼이 여길 수 없는 시조문학 장르에서 그것도 80대 고령의 원로 시인께서 보여주는 탈 장르적이고 전위적인 예술창작 활동은 놀라운 일이 아닐 수 없다. 시·서·화詩書畫는 물론 사진과 포토샵 작업까지 직접 수행하는 이상범 선생의 장르 융합적, 종합 예술적 창작 활동은 그런 점에서 가히 독보적인 세계를 구축해 나가고 있다고 말할 수 있다.

이상범 선생은 평소 반가운 독자나 가까운 지인들을

만나면 현장에서 직접 붓을 들어 난蘭을 치거나 그림을 그리고 그에 맞는 시를 붓으로 써 선물을 하시곤 하는데, 그의 뛰어난 예술적 감각과 순발력에 다들 놀라게 된다. 예로부터 시서화 삼절三絶은 선비들의 필수 덕목이었고 지식인의 이상적인 모습이었다. 이상범 선생은 바로 이러한 시서화 삼절의 전통과 외유내강의 선비정신, 치열한 예술세계를 추구해온 대표적인 이 땅의 시인이요, 문인화가다.

선생께서 문자시 세계를 넘어 시조와 글씨, 그림을 융합하는 작품집 발간을 본격적으로 선보이기 시작한 것은 지난 1980년대 중반부터였다. 1987년 직접 친 난 그림을 넣은 컬러 시화집 『하늘의 입김, 땅의 숨결』을 발간한 것이 그 시작이다. 이 시화집은 당시 문단 안팎에 큰 반향을 불러 일으켰는데, 김동권 아나운서가 진행하는 KBS 1TV '11시에 만납시다'에 초대되어 소개되기도 했다. 1995년 펴낸 『오두막집행』은 펜화 시조집인데, 섬세한 펜화의 감각과 그에 조응하는 격조 높은 시조 작품이 예술적 조화를 이뤄 특별한 감동을 선사했다. 필자도 이 시화집을 받고 오랫동안 보고 또 읽으며 전율한 적이 있다. 이어 2004년 토방 출판사에서 펴낸 시화집 『시인의 감성화첩』은 선생께서 화가로 공식 인정받는 계기가 되었다. 당시 인사아트프라자에서 전시회를 열었는데, 미술평론가 김인환은 여백미와 축약미를 '적조寂照'라는 언어로 풀어내며 "맑고 긴 여운을 조성한다"는 찬사를 보냈다.

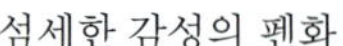

섬세한 감성의 펜화

그림으로 그린 시

2007년도에 펴낸 네 번째 시화집 『꽃에게 바치다』는 선생께서 그동안 펼쳐온 시서화의 세계와는 다른 작품 세계로 독자들을 또 한 번 놀라게 했다. 바로 디지털 시대의 경향을 능동적으로 수용한 디카시조의 새로운 영역 개척이었다. 이상범 선생은 시조 작품 창작에서도 우리 민족시인 시조의 정형 율격을 올곧게 견지하면서 늘 새로운 면모를 보여 왔는데, 디카시 창작에서도 일반적인 스타일과는 차원이 다른 새로운 세계를 선보여 독자와 언론으로부터 높은 관심을 불러일으키며 찬사를 받았다.

일반적인 디카시가 디지털 카메라로 대상을 촬영하고 그것을 소재로 시를 창작해 지면이나 화상에 단순 병렬 배치하는 형태라면, 선생은 디카로 찍은 사진을 날 것 그대로가 아닌 포토샵 기술을 활용해 새로운 시적 이미지 창조라는 남들은 상상하지도 못한 미답의 세계를 개척한 것이다. 예컨대, 디카로 촬영한 잔설령殘雪嶺이란 식물의 가시와 노란꽃을 포토샵 기술로 제구성해 '도깨비 장승'[사진1]이란 신비로운 새 이미지를 창조하는 방식이다. 솔나리에서 '저울'의 이미지를 발견해낸다거나 술패랭이꽃에서 '잠망

경'의 이미지를 도출하는 형태다. 산딸나무꽃에서 '흰빛 순수의 비둘기가 날아가는 평화로운 이미지'를, 애기황새풀에서 '성화 봉송' 장면을, 목베고니아 햇싹에서는 '물총새가 목표물을 조준하는 형상'을, 각시석남꽃에서는 '붉은 목을 가진 한 자웅의 새' 모습을 뽑아내는 식이다. 캥거루붓꽃에서는 혀를 날름 내보이는 어미 새가 아기 새를 등에 업고 달래는 것 같은 시적 영감으로 '어부바 소리'[사진2]라는 시적 형상화를 꾀한 작품이다.

잔설령, 「도깨비 장승」

캥거루붓꽃, 「어부바 소리」

이러한 작업에는 우선 작가의 심미안과 예술적 감각 및 상상력이 요구되며 촬영한 이미지를 포토샵으로 처리하는 기술과 예인적 장인정신이 동시에 요구된다. 때문에, 일반적인 디카시 세계와는 차원이 다른 종합 예술인의 감각과 자질, 경지가 요구된다.

이러한 경이로운 이미지 재창조로 이상범 선생의 첫 디카시조집은 독자들에게 강한 정서적 충격을 안겨주었다. 특히 꽃과 같은 대상에서 상상도 못할 신비로운 이미지를 채굴하는 심미안도 놀랍지만 고령의 연치에 손수 포토샵 작업까지 한다는 사실과 이를 다시 시적으로 승화시키는 빼어난 문화 예술적 감각에 다들 놀라지 않을 수 없었다. 더구나 하나의 이미지를 재탄생시키는 포토샵 작업의 공력이 며칠 날밤을 새워야만 완성할 수 있는 난이도 높은 작업이란 점에서 초인적인 창작 활동에 감탄과 존경을 보내지 않을 수 없었다.

'디카시' 이론 정립과 확산 운동을 펼치고 있는 이상옥 교수는 "영상과 문자의 텍스트성"에 초점을 맞춰 "시서화 삼절의 장인정신이 빚은 디카시의 새 경지"라 화답을 했고, 유성호 교수는 "꽃이란 원석을 조탁한 언어의 심미적 풍경 또는 우주적 섭리 발견"이라며 선생의 시적·예술적 성과를 드높이 자리매김 시켰다.

디카시 개념이 정립된 것은 2000년대 초반이었다. 초기엔 전통적인 사진시(포토포엠) 범주로 인식됐는데, 스마트폰이 상용화되면서 디카시의 개념이 새롭게 정립됐다. 어쩌면 날 이미지를 시와 단순 병렬하는 일반적인 스타일의 가벼운 접근 자체가 '디카시' 개념에 더 잘 어울린다고 볼 수 있다. 그런 점에서 이상범 선생이 개척한 새로운 디카시 세계는 일반적인 디카시 영역과는 차원이 다른 이해와 조명, 평가가 요구된다 할 것이다.

우리는 여기서 21세기 디지털 영상문화의 도래로 문자시가 어떤 어려운 환경에 처하게 되었는지를 짚어볼 필요가 있다. 문자문화의 총아인 문학, 특히 시에서 문자의 이미지화를 내부적으로 구현하는 현대시 창작 기법은 영상시대의 도래로 경쟁력을 잃게 되었고, 1980년대 이후 문학과 영상이 융합된 다양한 형태의 창작 활동이 시도되었다.[1] 1980년대 이후 시와 영상의 만남은 다양하게 나타났다. 박남철의 '텔레비전' 시편을 시작으로 이승하의 '폭력과 광기의 나날', 신현림의 여러 시편 등에서 사진 영상에서 시가 출발하거나 또는 시와 사진이 각각 독립된 예술성으로 만나 서로의 효과를 상승시키는 단계로 나아갔다. 그러나 이러한 시도는 언어와 이미지가 완전히 하나로 통합되지 못하는, 즉 우선순위가 있는 통합이란 점에서 한계를 지녔다. 언어와 이미지가 통합되는 세계로 나아가는 시도도 이어졌는데, 김용범의 '한계령', '픽토그램의 바다' 등의 시편이 그 예다. 그러나 이 또한 오늘날의 디지털기술이 뒷받침되지 못함으로써 새로운 상상력의 세계로 나아가진 못했다. 아날로그 한계의 극복은 2000년대 들어 구술성까지 수렴한 동영상과의 결합으로 이뤄졌다. 장경기의 '멀티포엠' 시도와 원태연의 시집과 음악CD, 뮤직비디오라는 삼각 매체로 출간된 멀티미디어시집 등은 새로운 멀티미디어적 상상력과 가능성을 보여주었다. 시가 문자의 감금으로부터 벗어나 이러한 멀티

1 1980년대 이후 시와 영상의 만남은 다양하게 나타났다. 박남철의 '텔레비전' 시편을 시작으로 이승하의 '폭력과 광기의 나날', 신현림의 여러 시편 등에서 사진 영상에서 시가 출발하거나 또는 시와 사진이 각각 독립된 예술성으로 만나 서로의 효과를 상승시키는 단계로 나아갔다. 그러나 이러한 시도는 언어와 이미지가 완전히 하나로 통합되지 못하는, 즉 우선순위가 있는 통합이란 점에서 한계를 지녔다. 언어와 이미지가 통합되는 세계로 나아가는 시도도 이어졌는데, 김용범의 '한계령', '픽토그램의 바다' 등의 시편이 그 예다. 그러나 이 또한 오늘날의 디지털기술이 뒷받침되지 못함으로써 새로운 상상력의 세계로 나아가진 못했다. 아날로그 한계의 극복은 2000년대 들어 구술성까지 수렴한 동영상과의 결합으로 이뤄졌다. 장경기의 '멀티포엠' 시도와 원태연의 시집과 음악 CD, 뮤직비디오라는 삼각 매체로 출간된 멀티미디어시집 등은 새로운 멀티미디어적 상상력과 가능성을 보여주었다. 시가 문자의 감금으로부터 벗어나 이러한 멀티미디어적 영상시로 보편화될 경우 앞으로 시에 대한 일반의 인식과 좋은 시에 대한 기준도 달라질 것이다.

미디어적 영상시로 보편화될 경우 앞으로 시에 대한 일반의 인식과 좋은 시에 대한 기준도 달라질 것이다.

이로 인해 문자와 영상이 길항하고 간섭하는 결과를 초래하긴 했지만 변화하는 시대 환경에 부응하는 시의 멀티미디어적 상상력을 촉발시키는 동인이 되기도 했다.

이런 환경 변화와 시대 흐름을 생각해볼 때 이상범 선생께서 전개해온 시조 창작 중심으로 한 실험적이고 융합적인 예술 활동은 동영상의 단계로까지 나아가진 않았지만 독보적인 신세계 개척으로 평가할 수 있다. 아무나 할 수 없는, 설사 포토샵을 다룰 수 있다 해도 예술적 심미안과 상상력이 있어야 하고 또한 오랜 시간 공력을 투자해야만 이룰 수 있는 장인정신이 요구되는 예술세계란 점에서 더욱 높은 위상을 확보하고 있다.

이러한 문학예술 활동에 화답하듯 당시 불교TV에서는 이상범 선생의 문학예술을 자세히 방영하는 프로그램을 기획했고, 경향신문에서는 디카시조를 연중 연재하는 특별기획을 통해 이상범 디카시 세계의 진면목을 선보였다. 언론과 방송의 이러한 호평은 선생의 활동을 더욱 심화 발전시키는 촉진제가 되었다. 2011년 『풀꽃詩經』과 2012년 『햇살詩經』은 명칭에 '經'이 들어간 점에서도 알 수 있듯, 디카시의 세계를 경전의 반열로 승화시켰다. 2016년엔 단시조 디카시집 『하늘색 점등인』과 『초록세상 하늘 궁전』을 출간해 한층 심화된 미학의 경지를 펼쳐보였다. 이어 2017년 『쇠기러기 설악을 날다』, 2018년 『푸득이면 날개가 되는』을 출간한데 이어 2019년에도 새 작품집을 출간하신다니

왕성하신 선생의 창작 활동에 고개가 절로 숙여진다.

이상범 선생은 그동안 총 25권의 시조집을 펴냈다. 그 중 문자시조집이 14권이고 디카시조집 등 시화집 형태가 11권이다. 2007년 이후엔 줄곧 디카시조집 형태로 출간하고 있는데, 지난해 일곱 번째 디카시조집을 출간하면서 선생은 "그간 많은 것을 터득했다. 이건 작품이 되겠다 싶은 감을 바로 알아차리게 되었다는 것이다. 찍으면서 혹은 찍은 뒤에, 딴은 포토샵을 통해 시를 추출해내는 방법도 이내 깨칠 수 있게 되었다. 남이 못 듣는 소리를 듣고, 다른 이에겐 보이지 않는 영상을 볼 수 있는 일순의 기쁨도 맛볼 수 있었다. 이를 통해 디카사진의 완성은 '사진 80% + 그림 20%(포토샵)'일 때로, 이것이 시와 맞아 떨어지는 디카시와의 조우도 볼 수 있었다."고 술회했다. 이제 이상범 선생은 디카로 찍을 대상을 보기만 해도 명작이 될지 안 될지를 바로 알 수 있는 경지에 오르셨음을 감지할 수 있다.

2.

앞에서 살핀 바와 같이 이상범 선생은 시조 창작을 중심으로 그림과 사진, 글씨 등 주변 장르와의 콜라보레이션 collaboration을 지속적으로 추구해 오고 있다. 이는 물론 선생의 타고난 예술적 조예와 취향을 보여주는 것이긴 하지만 남다른 양식적 갱신 내지는 전위적 실험의식 없이는 실천하기 어려운 신세계 개척이란 점에서 독보적인 문학

예술적 성취로 평가된다. 그러면 이번 시집에 실린 작품을 중심으로 시서화적, 디카시조적, 시조문학적 관점에서의 문학 예술적 특징과 그 위상을 살펴보기로 한다.

1963년《시조문학》천료 및 조선일보 신춘문예 당선으로 등단한 이상범 선생은 이후 오로지 시조 한 길을 매진해온 대표적인 시인이다. 자신의 작품은 물론 문예지 발간과 문학상 심사 등 창작 외적인 활동에서도 선생은 문학 예술적 작품성을 가장 중시해온 분으로 정평이 나 있다. 특히 자신의 시조 창작에서는 감각의 현현뿐 아니라 주목나무 뼈대 같은 시정신을 추구하는 시인으로, 문학을 자신의 삶과 일치시키려 몸부림쳐 온 분이시다. 이상범 선생의 시조 세계는 '자연·인간·신성의 친화와 교감, 갈등과 화해', 그리고 '생명과 역사, 미의식의 탐구 및 인간성 회복을 통한 위안과 치유'로 압축할 수 있다. 이번 시조집도 그러한 지향 속에서 따스한 정서와 정신, 아름다움과 기품 및 깊이를 견지하고 있다.

모두는 고요의 바다 흔들리길 바라는 눈치
커피 잔에 사랑의 신神 찰랑 찰랑 춤을 추면
안개 속 바다는 소용돌이 달 속으로 빨려갔다.
달이 토한 애월의 바다 잠잠한 수평이다가
그 달이 숨이 닳아 바다와 한 몸이 되면
신화는 바다가 삼킨 달, 사랑 후렴 듣고 있다.

–「커피 · 애월 · 바다」 전문

제주 애월의 카페, 바다가 보이는 창, 「커피 · 애월 · 바다」

제주도 북서쪽에 위치한 애월涯月은 지명에서부터 사랑의 이미지를 짙게 풍긴다. 누구든 애월 바닷가에 서면, 아니 애월 해변의 어느 고요한 찻집에 마주 앉으면 쉼 없이 파도에 부서지는 달처럼 "찰랑 찰랑 춤을 추"며 다가서는 "사랑愛의 신"에 홀리게 된다. 사랑의 신에 홀려 거대한 바다처럼 이내 흔들리게 된다. 위 시조엔 그런 사랑의 감성과 정서가 은은하게 출렁이고 있다. 숨이 닮아 마침내 한 몸이 되는 바다와 달의 신화 또한 사랑의 후렴으로 울려 퍼진다. 나란히 배치한 애월의 어느 카페에서 찍은 '바다가 보이는 창'은 그런 사랑의 이미지를 애잔하게 표출하고 있는 듯하다. 찰랑찰랑 춤을 추는 동적 이미지와 수평의 정적 이미지가 달을 삼키고 토해내는 순환의 몸짓으로 애월 바다는 오늘도 아름다운 사랑의 신화를 만들어낸다.

지리산을 풀어 마시니

물소리가 깨어났다

한 모금 다시 마시니
하늘빛 더욱 맑고
초록 물, 입에 물고서
산을 내려놓는다.

-「강아지풀」 전문

먹물로 친 소심 난, 「초승 달빛 차-칠불사 가는 길에」

이상범 선생은 남달리 난을 사랑하고 차를 즐기는 시인이다. 그래서일까. 선생이 마시는 차에는 은은한 난향이 스며 있고 즐겨 치는 난에는 이슬 같은 차의 맑은 정신이 풍겨난다. 초승달빛차는 우전차雨前茶의 다른 이름이다. 24절기 곡우穀雨절에 잎을 따 만든 차인데, 은은하고 순한 맛으로 녹차 중에서 최고로 친다. 지리산 하동의 깊은 골짜기 화개면에 위치한 칠불사는 무려 7명의 아들을 입산시킨 금관가야의 시조 김수로왕과 허황옥 왕후의 전설이 전해오는 곳이다. 그러나 그보다 더 유명한 것은 우리나라 다도를 정립한 초의선사와의 인연이다. 다성茶聖으로도 불리는 초의는 「동다송」에서 우리나라 차의 멋과 향, 약효가 중국차보다 우수하다고 했다. 다산과 소치, 추사 등과 교유했던 초의선사는 시·서·화에도 능한 예인이었다. 이상범 선생의 위 시조가 더욱 각별하게 읽히는 이유다. 옛 선사가 그러했듯 차를 통해 지혜와 깨달음을 얻고 우주와 교감하는 선의 경지를 거니는 듯하다. 그러기에 선생께서 마시는 것은 차가 아니라 지리산이며 물소리를 깨우고 산을 내려놓게도 한다. 선생께서 직접 먹물로 친 위의 난은 그러한 경지의 품격은 물론 짙고 옅음의 난향이 금방이라도 일 것 같은 생동감이 느껴지는 작품이다.

누렇게 익은 불빛 보이차를 들면 된다
몸체에도 누렇게 물든 빛이 자꾸 쌓여 가고
익은 등 익은 생각에 철학이 와 감겼다.
조용한 선각의 말 귀에 자꾸 감겨 오는
생각의 끝에 앉아 눈길 낚시 드리우면
저승의 그 너머 까지 환이 들어 올린다.

–「철학이 와 감기는 불빛」전문

한지로 바른 전등갓, 「철학이 와 감기는 불빛」

좋은 시는 '안복'을 지닌 시인에게 내린 신의 선물이다. 위 작품이 바로 그러한 경지에 얻어진 작품이라 할 수 있다. '한지로 바른 전등갓'에 불이 들면 신비로운 누런 황금빛의 분위기가 연출된다. 놀랍게도 시인은 한지와 빛이 만나 만들어낸 환하고 누런 전등갓에서 숙성이 잘 된, 잘 익은 누런빛의 보이차를 떠올린다. 물론 찻집에서 포착한 이미지였기에 쉽게 보이차를 생각할 수도 있었겠지만, 그러나 차를 사랑하는 시인이 아니었다면 얻기 어려운 이미지일 수도 있다. 그런데 더욱 놀라운 것은 잘 익은 누런빛의 이미지에서 철학의 세계를 떠올린 상상력이다. 그래서일까. "누런 불빛→보이차→익은 생각→선각의 말→철학 세계"로의 시상 전개는 보편적 공감을 얻고 있다. 둘째 수 "생각의 끝에 앉아 눈길 낚시 드리우면"은 철학적 사유의 구체화이며, "저승의 그 너머까지 환히 들어 올"리는 사유는 심오한 철학의 세계를 환히 밝히는 승화에 다름 아니다.

시서화 및 디카시적 관점에서 이번 시조집은 그동안의 작품 세계를 집대성한 디카시조집으로 규정할 수 있다. 특히 이미지 활용 측면에서 다채로운 운용과 구성을 확인할 수 있다. 시서화의 조화를 추구한 초창기의 그림과 펜화를 비롯해 날 이미지를 그대로 활용한 일반적인 디카시 세계와 포토샵으로 재창조한 이미지로 시적 형상화를 꾀한 경우 등 자신의 문화 예술적 감각을 유감없이 보여주는 다양한 유형을 총 망라하고 있다.

도라지꽃 표주박,「차시1」

찻물이 담겨진 사피유 다완「차시2」

소가 있는 마애불,「차시3」

하얀 소심,「차시4」

시집 앞머리에 배치된 차시茶詩 연작만 보더라도 크게 네 갈래의 이미지 활용을 확인할 수 있다.「차시1」이 개화 직전의 도라지꽃 사진에서 얻은 시적 영감을 포토샵 기술로 재창조한 표주막 이미지를 시조로 시적 형상화를 꾀한 경우라면,「차시2」와「차시3」은 '찻물이 담겨진 사피유 다완'과 '미소가 있는 여래불상'을 날 이미지 그대로 시적 소재로 쓴 경우다. 반면「차시4」는 흰빛 소심난素心蘭의 순수 이미지를 극대화하기 위해 배경을 단일 색상으로 포토샵 처리를 한 경우이다. 대상에서 시적 이미지를 명징하게 뽑아 올리기 위해서는 지우고 생략하는 직관력이 요구된다. 위 작품도 그러한 기법을 차용했다.「차시1」의 도라지꽃에서 추출한 표주박 이미지는 시 제목의 '차' 및 "쪼르르… 쪼르르…// 방안을 밝히는 소리"라는 시 내용과 절묘한 공감각적 조응을 이룬다.

고무나무 새순,「녹색 다관」

후꾸시아 꽃,「천사의 춤·요정의 춤」

다음은 이상범 선생께서 개척한 포토샵 기술을 활용한 디카시의 진면목을 만나보자. 위 [사진9]은 디카로 찍은 고무나무 새순에서 얻은 영감적 이미지로「녹색 다관」이란 시조를 빚은 작품이다. 세상의 모든 물상은 제각각의 형상과 이미지를 지닌다. 그것은 오랜 진화 과정 속에서 형성된 자연의 섭리에 닿아 있다. 그러니까 고무나무 새순은 자신만의 생존을 위한 형상이지 시인이 규정한 '다관'과는 아무런 관련이 없다. '다관'의 이미지를 읽어내고 형상화 한 것은 온전히 시인의 상상력의 결과인데, 너무나 실감나는 형상화로 정서적 충격이 강렬하다.그런데, 이러한 과정은 대상에서 영감을 얻은 과정과 다르지 않아 창작의 오묘한 희열을 맛보게 된다. 이상범 디카시조의 미덕은 바로 이러한 두 차원의 예술적 감동을 경험하게 하는데 있다. 고무나무 새순에서 다관의 이미지를 뽑아내는 1차적 감동에 이어 이를 새로운 시적 상상력으로「녹색 다관」이란 시를 만나는 2차적 감동이다.

후꾸시아 꽃으로 연출한「천사의 춤·요정의 춤」이란 작품은 이미지의 단순 재창조가 아니라 재창조된 이미지를 소재로 2차적 조형 연출의 세계로까지 나아가고 있다. 재창조된 자연 이미지로 새로운 공예적 조형의 예술 세계를 개척한 장르라 할 수 있다. 후꾸시아는 '여인의 귀걸이Lady's Eardrops'라 불릴 정도로 생김새가 특이하다. 꽃받침통이 자방보다 길고 꽃받침과 꽃잎의 색깔이 다른 독특한 모양새로 꽃꽂이로도 인기가 높다. 그런 형상이 "진홍색 저고리와 남치마, 춤의 맵시 어여뻤다./ 붉은 안경, 왕관 씌우면 천사의 춤, 요정의 춤"이란 시적 상상으로 확장되었다. 그 결과 공예적 조형 이미지와 시조가 조화를 이루는 예술세계를 창출하고 있다.

은행나무와 외등,「가을 황금마차」

루드베키아 솜털 이슬 머그잔,「이슬 속 꽃의 얼굴」

이상범 디카시조의 우수성은 끊임없이 새로움을 추구하는 작가적 실험정신에 있다. 이번 시조집에서도 마이크로 클로즈업 등 이미지의 신비로운 창조가 영감을 불러일으키고 감성을 자극한다.「가을 황금마차」시편에서는 가로등 전구 속의 구조물을 포토샵 기술로 왜곡, 클로즈업하여 신비로운 풍경을 연출한다. 투박하게 그려진 머그잔에 생생한 자연을 삽입한 「이슬 꽃 속의 얼굴」류의 작품은 정물적 그림과 동적 자연의 이미지의 융합으로 이색적인 분위기를 연출한다. 댓잎 이슬 이미지를 삽입한 머그찻잔을 시조로 풀어낸 「댓잎 이슬-죽로차를 들며」 작품 또한 '자연을 마신다'는 청정 이미지를 시적으로 형상화한 경우이다.

단풍4, 「마호병의 커피」

꿀벌의 비상, 「꿀벌 나는 창가에」

「마호병의 커피」는 실험의식이 돋보이는 독특한 작품이다. "남산을 오르다 말고/ 단풍 물든 숲에 들었다/ 연인은 오솔길 말고/ 단풍 옷을 갈아입었다"에서 알 수 있듯, 실루엣 같은 연인들의 외형에 마호병의 커피처럼 단풍 이미지를 삽입하는 기법으로 '단풍 옷'을 절묘하게 감각화하였다. 그로인해 남의 눈을 의식해 오솔길로 들려던 연인들이 이젠 오솔길로 들지 않아도 되게 된 것이다. 인간이 자연과 하나 되는 물아일체, 인간과 자연의 합일의 경지라 할 수 있다. "벤치서 꺼낸 마호병/ 그게 바로 선禪이었다" 종장은 그러한 경지를 감각적으로 보여준다. 「꿀벌 나는 창가에」 작품은 차를 마시다 창밖을 나는 꿀벌을 순간적으로 포착한 이미지이다. 꿀벌 세 마리가 사진처럼 줄을 지어 날아갈 만무하지만 상상력과 포토샵이 만나 가상의 장면이 연출되었다. 이를 통해 독자들은 떼를 지어 날고 있는 꿀벌들의 바쁜 죽지소리가 일사분란하게 들리는 것 같은 착각에 젖는다.

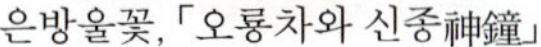

은방울꽃, 「오룡차와 신종神鐘」

수리 취 꽃대, 「수리 취 꽃대」

[사진 15]는 무형의 그릇에 생명의 자연을 담은 형태다. 자연과 인공이 만나고 동과 정이 어우러져 인공과 자연이 하나로 조화됨을 역설적으로 보여주는 작품이다. 「수리 취 꽃대」 [사진 16]는 자연 대상을 미시적으로 극대화하여 신비로움을 창출하는 작품이다. 그 외에도 '설악을 나는 백조, 고니'를 담아낸 자연 수묵화 같은 이미지 「백조의 비상」과 인공적이지만 환상적인 이미지를 연출하는 작품 「맹물이 끓는 찻집 -보이차를 들며」도 마음과 시선을 사로잡는 수작이다.

디카시에서도 시와 이미지 간의 거리 문제는 가볍게 여길 수 없는 중요한 과제다. 디카시도 현대 예술영역의 한 장르인 만큼 고도화할수록 난해성을 피하기 어렵다. 디카시가 아무리 가벼운 생활문학을 표방한다고 해도 문학 예술인 이상 시와 이미지의 단순 병렬만으로는 예술적 성취를 이룰 수 없기 때문이다. 그런 측면에서도 이상범 선생의 디카시 세계는 개척자다운 면모를 보여준다. 평소 탈관념의 창작 활동을 강조해온 시인답게 자칫 가벼울 수 있는 디카시를 포토샵이란 새로운 예술 영역과 융합하여 변용하는 발상의 전환으로 신비감과 경이로움이라는 보편적 예술세계를 창조해나갔다.

이상범 선생의 그림, 사진 등의 이미지와 시조문학의 만남이 만들어낸 새로운 개념의 예술세계는 이처럼 '실험'을 넘어 '전위'라 불러도 좋을 만큼 멀티적 상상력의 첨단을 개척해나가고 있다. 시도 이제는 문자 감옥의 틀에서 벗어나 동영상 등과의 적극적인 콜라보레이션이 요구되는 시대를 맞고 있다. 그렇지 못할 경우 시의 위기, 문학의 위기는 더욱 깊어지고 독자와의 거리는 멀어질 것이다. 그런 점에서 이상범 선생의 전위적 예술 감각과 멀티적 상상력으로 펼쳐 보이는 시조와 타 장르 융합적인 예술 창작 활동은 변화하는 시대 독자들에게 새로운 영감을 불러일으킬 뿐 아니라 시·서·화를 통 털어 현대 문학예술사에 독보적인 위상과 업적으로 자리매김할 것이다. ♣

이상범 연구서지

- **이은상 :** 제사題詞 〈그날의 태양을 이고〉에 붙여, 첫 육필시집 『일식권日蝕圈』 출판사 금자각 1967.
- **이태극 :** 서문 '새로운 시의 세계와 언어의 조형성, 새로운…' 첫 육필시집 『일식권日蝕圈』 출판사 금자각 1967.
- **박재삼 :** '형식미의 승리' 시집 『묵향가에 미닫이가에』 우석출판사 1979.
- **이근배 :** '정통성의 회복 -이상범의 인간과 시적 기조' 시집 『아, 지상은 빛나는 소멸』 문학신조사 1980.
- **조남현 :** '들풀에의 애정과 희망' 시집 『꽃 · 화두』 영언문화사 1987.
- **서 벌 :** '살아 있는 시대정신, 그 저력의 가락' 『시가 이 지상에 남아』 청학출판사 1989.
- **서 벌 :** '녹원綠源(이상범의 아호) 내부의 시계, 그 시간의 의미들' 시집 『시가 이 지상에 남아』 청학출판사 1989.
- **이유식 :** '시대의식의 예술적 승리' 〈시문학〉 1989. 호수?
- **오세영 :** '폭넓은 삶의 인식과 시의 순결성' 시집 『내 영혼 은銀 스푼은』 현대시조선집 22, 민족과 문학사 1990.
- **채수영 :** '정신문법과 변용 미학' 시집 『고요 시법』 출판사 토방, 1993.
- **채수영 :** '정신의 변형과 암시의 세계' 시집 『하늘 아래 작은 집』 1993.
- **이상범 :** '아야기 시조론 -나의 시, 나의 시론' 〈조선문학〉,1994 6월호.
- **김 종 :** '섭리를 다스리는 마법의 언어 -이상범문학의 시교詩巧' 〈조선문학〉 1994, 6월호.
- **김재홍 :** '자연애와 역사인식' 시집 『오두막집행』 출판사 토방 1995.
- **정신재 :** '순일한 서정으로 거듭나기-이상범론' 〈시문학〉1996,2 월호
- **오세영 :** '삶, 그 인식의 다양성과 인간회복' 대표시집 『별』 동 학사 1997.
- **정신재 :** '서정성 꽃피우기-이상범론' 『한국현역작가연구』 국 학자료연구원 1997-1, 134~141쪽
- **김삼주 :** '여백과 소실점의 미학-이상범 시론' 〈열린시조〉 1998 여름호.
- **이숭원 :** '자연과 인간의 합일 속 신성神聖 추구-지상의 인간과 하늘의 별이 교감을 이루는 낭만적 세계관' 〈문학사상〉 1998 11월호.
- **신범순 :** '깊이 우러난 삶의 간추림, 그 정결의 미학' 우리시대 현대시조 100인선 『꿈꾸는 별자리』 태학사 2000.
- **이상범 :** '희망과 우려 함께하는 시조작단' 계간 〈다층〉 2000 여름호.
- **장경렬 :** '빛을 끌어당기는 언어와 시의 세계' 시집 『신전의 가을』 동학사 2000.
- **김삼주 :** '고적한, 고요하고 눈부신'-이상범 시집 『신전의 가을』 읽기, 계간 〈다층〉 2000 겨울.
- **신웅순 :** '잃어버린 사물 찾기-이상범의 남도창南道唱 욕망 분석' 〈시현실〉 2000. 11~12월호.
- **박철희 :** '이상범론', 『반시시대의 시와 상상력-현대시 다시 읽기』 청솔출판사 2000.
- **신범순 :** '시조의 강물에 띄운 영혼의 빈 배' 시집 〈풀빛화두〉 책 만드는 집 2001.
- **이상옥 :** '이상범론', '별의 시인' 〈시조시학〉 2002 가을호.

- **백운복 :** 『현대시조의 시학적 연구』 '이상범의 시를 중심으로 현대문학 이론 연구' 18집. 2002 12월.
- **정휘립 :** '상실감의 전위와 승화, 그 나사의 회전' 시집 『별』을 중심으로, 〈시조세계〉 여름호. 2003.
- **정일근 :** '나즉한 지음의 풀무치 시법' 시집 『풀무차를 위한 명상』 동학사 2004.
- **김인환 :** –미술평론가, '우리시대의 문인화가' 시화집 『시인의 감성 화첩』 토방출판사 2004.
- **유성호 :** '꽃이란 원석原石을 조탁한 언어의 심미적 풍경' 첫 디카시집 『꽃에게 바치다』 출판사 토방 2007.
- **이상옥 :** '장인 정신이 빚은 새 경지' 첫 디카시집 『꽃에게 바치다』 출판사 토방 2007.
- **이상범 :** '빛이 빛을 끌어당기는 시와 영상미' 강연, 〈자연을 사랑하는–문학의 집·서울〉110호. 2010년 12월 5일,
- **박기섭 :** '영상의 미학과 식물적 상상력 –꽃의 은유, 그 감성의 수정受精' 디카시집2 『풀꽃 시경』 동학사 2011.
- **이상범 :** '영상 미학, 그리고 디카시와 디지털시대의 입상' 강연, 〈경남 문학관〉 2012년 11월 6일.
- **이상범 :** '천상의 미감으로 꽃과 이슬을 피우다' 〈이태순이 만난 사람·3〉 창작의 산실, 〈다층〉 2012 가을호
- **민병도 :** '소외에 대한 응시, 혹은 상생의 미학' 디키시집3 『햇살 시경』 동학사 2012.
- **김영도 :** '사진과 디자인 그리고 시, 그들의 상생과 낯설고 신선 한 모험–시와 사진의 융합을 중심으로' 디카시집3 2012.
- **이상범 :** '시인의 말' 『한국대표명시선 100 화엄벌판 이상범』 시조 50편, 출판사 시인생각 2013.
- **정용국** : 〈이상범 시조산책〉 '몸으로 피는 꽃은 몸으로 말을 건넨다' 계간 〈시조세계〉 2013. 여름호 통권51호.
- **이근배 :** '생각의 손이 찍어내는 자연의 해법, 또는 찰나의 화두' 디카시집4 『하늘색 점등인』 출판사 고요아침 2014.
- **이지엽 :** '화상으로 구어낸 시, 시상 속을 떠 흐르는 고졸미' 디카시집5 『초록 세상 하늘 궁궐』 출판사 고요아침 2016.
- **정신재 :** '내마음의 풍경화' 시문학지 2016년 8월호 185~189 쪽.
- **유성호 :** '시와 사진의 융합을 통한 서정의 확장과 심화' 디카시집6 『쇠기러기 설악을 날다』 해드림출판사 2017.
- **김삼환 :** '시조와 디지털 사진 예술의 미학적 융합' 디카시집6 『쇠기러기 설악을 날다』 해드림출판사 2017.
- **박진임 :** '경계 너머의 시 : 자연과 예술과 시, 그리고 이미지' 디카시집7 『푸득이면 날개가 되는』 해드림출판사 2018.
- **정신재 :** '역사의식과 서정에 관하여 –이상범시인의 시세계' 〈서울문학〉 2018년 겨울호.
- **김필곤 :** '녹원 이상범의 차시조'(시조와 차 · 9) · 『좋은 시조』 여름호, 통권12호, 2018.
- **김일연 :** '시조, 그 오래된 새로움을 살다'(이상범 론) 『2019 유신작품상 수상문집』 만해사상실천선양회 2019.

꿈꾸는 언덕 위에 작은 집 하나

곽경립 시집

누군가 꿈꾸는 언덕을 기웃거릴 때
꽃들에 취해 길을 잃지는 않을까,
매듭을 하나하나 걸어두고 싶었습니다.
나의 인생이 어둠에 묻히기 전에…

해드림출판사

누군가 꿈꾸는 언덕을 기웃거릴 때

오늘도 하루가 기울어가는
꿈꾸는 언덕에는
먼바다 파도 소리가
노래를 부르는 것처럼
노을 물든 나뭇잎들이
서로 얼굴을 비벼대며
소곤거리고 있습니다.
이제 머지않아 잎은 떨어지고
빈 산에 하얀 눈이 쌓이면
새소리 끊어진 푸른 솔 사이로
덧없이 흘러간 이야기들이

바람결에 언뜻언뜻 스쳐 가겠지요.
우리 삶이 그러하듯이.

행여 먼 훗날
누군가 꿈꾸는 언덕을 기웃거릴 때
꽃들에 취해 길을 잃지는 않을까,
매듭을 하나하나 걸어두고 싶었습니다.
나의 인생이 어둠에 묻히기 전에….

2022년 4월

곽경립

차례

여름 · 25

가을 · 39

3부 : 세상 사는 이야기 · 95

1부 : 바람과 빛의 울림

봄

봄이 바다로 오네요

봄 싣고 오는 배 본 적 있나요

나, 봄을 맞으러
바다로 가야겠소

겨울 바다 물안개 차곡차곡 걷어내고
그물에 걸린 봄볕일랑 앞마당에 널었다가
장독대로 걸어오는 봄비 소리 들으며

꽃들에게 봄 한 조각
나눠주고 싶소

남풍을 잔뜩 먹은 돛폭이 배부르니
돌아가는 길목에 외로운 섬 찾아들어
섬 바위 맴도는 갈매기 불러 모아

봄 한 조각 떼어내어
나눠줘도 좋겠소

봄이 바다로 온다 하니
나, 봄을 맞으러 바다로 가야겠소.

알고 있어요

봄바람 살금살금 숨어 온다 해도
풀잎은 봄이 온줄 알고 있어요
봄별이 몰래몰래 내려앉은 꽃봉오리
벌 나비 종종걸음 다가오니까요.

모란의 추억

모란이 피고 지고 닷새나 엿새
꽃 지고 남은 정은 열흘에 보름
이슬에 맺힌 향기 멀어져 간다.

가파도의 봄

먼-듯 가까이 오름 낮게 펼쳐지면
백록은 구름 덮인 한라산에 머물고
갯가로 밀려드는 봄 바다 푸른 물빛
유채꽃 노란 향기 섬 자락에 흐른다

출렁이는 봄 바다 안개 피어오르면
연둣빛 보리 냄새 파란 하늘 저 너머
푸른 섬 그늘에 소곤대는 잔물결
하늘 끝 바다 멀리 노을이 여울진다

아지랑이 가물가물 바람에 흩어지면
봄 물결 잔잔하니 갈매기 낮게 날고
파란 하늘 여울지는 보리밭 사잇길로
하얀 파도 밀려와 섬 그늘에 기댄다.

다도해

작은 배 섬을 돌아 뭍으로 가고
갈매기 뱃길 따라 섬으로 간다
금빛 노을 휘늘어진 해지는 바다
섬 사이로 아득히 섬 멀어진다.

귀 기울여 봐요

귀 기울여 들어봐요
눈 내려 쌓인 자리
어렴풋이 들리는 나른한 소리
햇살 눈부시게 돋아나는 파란 싹.

봄날의 빛春光

산들산들 봄바람 새파란 하늘
야윈 볕 듬성듬성 연분홍 햇살
온산에 돋는 풀잎 초록 물들고
붉은 솔 짙은 그늘 남빛 그림자

향긋한 은백색의 나뭇잎 향기
초록 잎에 물드는 연노랑 햇살
진보랏빛 그림자 물밑 드리고
회색 구름 수놓은 금빛 저녁놀.

봄노래

산속의 휘파람새 지저귀는 소리
누-가 왔나요, 누-가 왔나요
푸른 고요 잠든 산 너무 적적해
파란 싹 입에 물고 노래합니다.

덧없는 마음

덧없는 것이 세월만은 아닌 듯
꽃이 진다고 슬퍼하기도 전에
시들어버리는 사람의 마음.

망 오름의 봄

깊은 산속은 아니지만
달뜬 밤 잔잔한 파도처럼
간간이 흔들리는 바람 소리
마치 곧 깊은 산속인 듯
빼꾹새 빼꾹빼꾹 울어댄다.

---

* 제주시 삼양동에 위치한 원당봉 일곱 봉오리 중 하나

여름

벌초伐草하는 아낙네

까치 한 마리 가지 끝에 울어대니
무심한 꽃잎 땅 위로 내려앉고
청상에 과부 낫 들고 산에 올라
젊은 남편 무덤에 설은 풀 베어낸다

팔월 늦더위가 옷 사이로 파고들어
가슴에 맺힌 설움 땀으로 배어들고
바람 그리워 고개 들어 하늘 보니
흐릿한 빈 하늘에 구름만 흘러간다

저승에 어느 년이 젊은 남편 꾀어갔나
하도해도 기가 막혀 설은 정 버리려니
낫 사이로 모진 마음 풀과 함께 베어져
자식 생각 서러움이 어깨 위를 누른다.

파도

바람이 불어와 바닷물 말아 업고
엉덩이 들썩들썩 갯바위 걸터앉아
물줄기 돌 틈새로 까르르 깔깔대며
골 따라 다시 바다로 돌아간다.

서흘포 삼양 바다

크고 작은 파도가 꺾이듯 휘어지는
너른 바다 살포시 끌어안은 서흘포
조각달 떠올라 저녁 물살 성급한데
까만 모래 위로 하얀 달빛 흩어진다

먼바다 뱃길에 노을 물고 스러지는
흰 파도 쓸어안은 삼양바다 서흘포
저무는 바닷길 꽃잎 붉게 물들인 듯
검은 모래 해변에 금빛 물결 출렁인다.

---

* 제주시 삼양동에 있는 호미처럼 생긴 검은 모래 해변.

치자꽃 그늘에

산바람 살랑살랑 그늘 짙은 밤
달그림자 슬며시 꽃 희롱하면
어둠 속 꽃내음 숨이 막힐 듯
잠든 밤을 깨우는 하얀 숨소리

푸른 달 새하얗게 물들여 놓고
한밤 애태우는 싱그러운 향기
꽃잎에 이슬방울 듬뿍 재우고
하늘 가득 채우는 짙은 숨소리.

존자암 옛터尊者庵址

푸른 산 그림인 양 구름 위에 떠 있고
사방을 둘러봐도 인기척 하나 없다
물소리 반겨주는 허름한 옛터에는
한가로운 풍경소리 옛꿈을 좇는다

벼랑 끝 깃든 세월 뒤돌아 세어보니
꿈인 듯 들려오는 안개 속 범종 소리
푸른 향기 물빛 품은 붉은 솔 사이로
구름에 싸인 옛 절 아련히 떠오른다.

---

* 한라산 영실에 있었다는 옛 절터

영실기암

골짜기 깊을수록 하늘빛 바뀌더니
실안개 피어올라 골 따라 흘러든다
산등성이 겹겹이 포개놓은 골짜기
산허리 잘라낸 듯 깎아지른 벼랑길
구름 아슬아슬 바위 끝에 매달려
붉은 솔 휘늘어진 영실마루 넘는다.

숲 그늘에 누워

序: 장마가 그치자 폭염이 이어진다. 오후가 되어 후덥지근한 더위, 건강이 안 좋은 양교수와 함께 어리목을 찾았다. 숲속 평상에 누워 하늘을 보니 나뭇잎에 붙은 햇살이 마치 나비가 떼를 지어 나는 듯하다. 오전에 비가 내려 산은 더 푸르고, 오후 5시를 넘은 산, 날씨는 가을 기분이다.

안개 촉촉 산 빛 품어있고
햇살 살랑살랑 나뭇잎 붙는다
팔 베고 누워 먼 산 바라보니
흰나비 꿈 찾아 훨훨 날아간다

하늘땅 사이 산 가로 누워있고
봉우리 구름 뚫고 하늘 닿았다
숲속 매미는 꿈길을 헤매는데
나그네 벌써 가을과 어울린다

산색은 구름 물어 물빛 젖어있고
골바람 산들 풀잎에 숨어든다
이파리 요란하게 몸서리치더니
햇살 무늬 떼 지어 숲 깊이 숨어든다.

---

* 어리목: 한라산 등산 코스 중 하나.

한라산 생태 숲에서 1

가랑비 어우러진 햇살
슬며시 구름 쓸어내고
나무 꼭대기에 걸터앉더니

바람 살포시 불어와
이파리 어루만지고
그림자 조용히 움직인다.

산색은 구름과 어울려
안개 속을 노닐고
작은 못 하늘 품어 숲을 베고 누웠다.

한라산 생태 숲에서 2

먹구름 산을 품고 하늘로 올라
산색은 안개 속에 바람 삼킨 듯
이파리 수런수런 물결 일더니
소나기 들쭉날쭉 햇살 어울린다.

남국선원 가는 길

_하안거 끝나는 백중날(盂蘭盆齋)

그리도 멀지 않은 산 고갯길을
굽이굽이 이리저리 헤매 돌다가
구름 깊게 덮여있는 선원禪院에 이르니
아귀도에 떨어진 망령들을 위하여
재 올려 기도하는 스님의 독경 소리
구름은 산마루에 목침 베고 누워있고
빗방울 후드득 망령들의 눈물인 듯
절 찾은 나그네의 가슴으로 젖어든다

산굽이 돌아들어 산사로 가는 길에
다소곳이 누워있는 망자들의 흔적들
세월이 눈물 따라 함께 흘러가는지
산허리에 뜬구름 비 되어 내리는데
저승길 한편으로 펼쳐놓은 풍광들이
속세로 돌아가는 나그네를 붙잡는다.

---

*제주도 서귀포시 상효동 산 39번지. 돈내코 계곡에서 산 쪽 2km 지점인 한라산국립공원 경계의 대한불교조계종 사찰.

가을

가을빛 익어가는 들녘

벼 이삭 누렇게 익어가는 들녘
참새들 떼를 지어 날아들더니
포르르 흩어지는 노을빛 구름
허수아비 멀거니 먼 산을 본다.

해탈

한 잎 물들이고
다시 또 한 잎
낙엽 되어 떨어지니
빈 산 드러난다.

한라산 아흔아홉 골

크고 작은 바위 벼랑에 어울리고
늘어진 솔가지 골짜기를 덮는다
푸른 산 구름 밖 멀리 이어진 듯
산봉우리 하늘 끝에 매달려 있다

절집은 적막하고 골짜기는 깊은데
구름이 골 따라 짙고 엷게 갈린다
숲 깊이 스며드는 처마 밑 풍경소리
흐르는 물길 따라 세상 근심 보낸다.

청산에 나비

청산에 나비는
꿈인 줄도 모르고
나풀나풀 꽃 찾아 들녘을 헤매고
빈 하늘 무심히 오고가는 구름은
이별도 만남도 다 잊어버린 듯
속절없이 바람 따라 흘러만 간다.

가을 산

산이 속삭이더니
나뭇잎 끄덕거리고
해 살래살래 고개 젓는다
단풍도 들기 전인데
덜 여문 졸참나무 열매
툭, 하고 떨어지는 소리
숲이 놀라 수런거린다
산에는 가을이 와 있었다.

대보름 달

이파리 달랑 몇 닢 남겨놓고
어쩌면 저리도 휘영청 밝은지
은하수 이는 구름 탈탈 털어내
물속으로 첨벙 달이 떨어진다.

서러움

어둠이 숲으로 짙게 배어든
풀벌레 구슬피 울어대는 밤
달빛이여 가파른 길 달려가는
내 마음의 어둠을 밝혀나 주오

쓰라린 가슴 부질없는 괴로움
갈가리 찢어지는 이내 설움을
은하수 흐르는 물 흠뻑 적시어
가슴에 남은 시름 씻어나 주오

시월의 마지막 날

시월이 떠나가는 마지막 날은
메밀꽃 흐드러진 언덕을 넘어
가을빛 무르익은 들길을 가자
참새 떼 모여앉아 수군거리고
바람이 서두르며 길을 나서는
가을 얘기 들으러 들길을 가자.

가을의 맛

봄, 한철 꽃이 보이지 않더니
햇살이 숨겨둔 이파리 틈새로
가을이 맛만 보고 흘러가는지
새 쪼다 남겨놓은 덜 익은 홍시

가을

바람이 서늘하여 창을 닫으니
처마 끝 두드리는 빗방울 소리
풀벌레 슬피 울어 가을이 온 듯
오솔하니 젖어드는 저녁 어스름

초저녁 어스름에 달이 밝아서
그림자 벗 삼아 집을 나서니
가을이 길머리에 서성이는 듯
바람 타고 들려오는 풀벌레 소리

밤 깊어 먼 산에 부엉이 울어
달빛도 얼어버린 호젓한 밤길
슬픔의 계절이라 철따라 온 듯
하늘 끝 아스라이 날리는 낙엽

겨울

겨울 바닷가

석양이 내려앉은 물빛 쓸쓸한
저물녘 겨울 바다 너무 외로워
갈매기 끼룩끼룩 울며 나는데
이보다 더 슬픈 건 사람의 마음

시든 풀

시들어버린 풀은
그저
바스락거리는 소리만 낼뿐
아무것도 할 수 없었다.

이따금

가슴 한구석에
얼음 조각이 있어
싸르락싸르락
소리가 날 때마다
차가워지는 나의 마음.

관음사 겨울풍정風情

마른 잎 흩날리는 이른 겨울 들녘
까마귀 까악 깍 하늘길 울리는데
티끌 털어내듯 은은하게 번져가는
산사 너머 들려오는 그윽한 종소리
번뇌 잠시 잊고 법문에 손 모은다

세상일 내려놓고 관음사 길 찾으니
겨울 산 텅 비어 절 마당 고요한데
뜬구름 흘러드는 산등성이 너머로
끊어질 듯 이어지는 스님의 독경 소리
향 촛불 타는 향기 법당이 그윽하다.

---

* 한라산 정상에 오르는 8.7km의 탐방로의 시작 점에 있는 대한불교조계종 제23교구 본사.

산지포浦 등대

노을 비낀 구름 물빛 젖어드는
오고가는 뱃길에 저무는 바다
이별의 그림자 길게 드리우고
떠나는 사람 울리는 고동 소리
갈매기 너울너울 뱃길을 따라
물결 흔들려도 흔적 하나 없이
아득히 멀어져간 배 그림자
사라봉 등대 길에 황혼이 섧다.

---

* 영주십경의 하나인 사봉 낙조로 유명한 사라봉 서북쪽 뱃길에 있는 등대

황혼의 슬픔

잠깐 숨 돌릴 겨를도 없이
그대의 등 너머로 스치는 노을
슬픔이 너무나도 잘 어울리는
고요히 낙화 속을 걸어가는 그림자

그늘

마음이 하는 일 알 수가 없어
먼 산만 물끄러미 바라보니
뜬구름 수심이 가득한 듯
그림자 머뭇머뭇 산 넘어가네.

화북 바다 뱃길

철새는 무리 지어 철 따라가고
인적 드문 포구 외로운 고깃배
뱃길 고동 소리 새벽잠 깨우더니
사봉에 비낀 달 먼바다로 기운다

노을 실은 파도 벼랑 끝 파고들고
드러난 바위틈엔 외로운 가마우지
오가는 바닷길에 뱃고동 울리더니
먼바다 아스라이 연락선 멀어진다.

---

* 제주시 동쪽에 있는 화북동 해안 길로 제주와 뭍을 이어주는 뱃길 첫머리에 있다.

한스러운 인생

까마귀 우는 산 더없이 적막한데
눈보라 몰아치는 거친 바람 소리
차가운 빈방에 넋 놓고 홀로 앉아
이런저런 생각으로 고통스러운 밤
헛되이 지난 세월 뒤돌아 생각하니
티끌 먼지 가득한 이승의 삶이었네.

영실계곡 하산 길

비탈진 산허리 바윗길 돌아서니
큰 바위 첩첩 병풍을 둘러친 듯
벼랑 비켜 포개놓은 깊은 골짜기
하늘빛 차가워 산 기운 싸늘한데
텅 빈 산속은 숨기는 것 하나 없이
바위틈에 오로지 흰 눈만 쌓였다

낮은 바위 빗돌아 숨 잠시 돌리고
해지는 산 멀리 먼바다 바라보니
산방산 너머 하늘 끝에 매달린 듯
바람에 흔들대는 가파도와 마라도
실안개 가물가물 그림자 흐릿한데
부서지는 파도가 섬 모습을 감춘다.

2부 : 슬픔도 삶의 한쪽

이슬

이슬은 풀잎에 밤을 새우고
아침이 오면 그냥 떠난다
지나온 길이 그러하듯
흔적 하나 없이 그냥 떠난다
하지만,
남은 미련 지울 수 없기에
또 한날 잎새에서 밤을 새운다.

무적霧笛

어둠이 안개 속에 허물어지면
등대는 길을 잃고 울음을 운다.
서러운 것도 없는 날을
그렇게 살아왔듯이
지친 목마름으로 울어야 한다.
불빛이 보이기를 소원하는 바다는
처연한 파도 소리 들으며
갚아야 할 빚으로 허덕거리듯
거친 바람 앞에 굽실거리고
안개 낀 밤이면 등대는
어둠을 붙잡고 섧고 섧게 울어야 한다.

외로운 날의 바닷가

뱃고동 소리 멀어져가는
항구의 불빛이 쓸쓸하다
바람에 부딪히는 물결 따라
해변으로 밀려드는 쓰레기들
하잘것없는 생활의 부스러기가
사람의 마음을 아프게 한다.
오늘 밤도 인고의 시간은 다가오고
술 취한 자에게 바다는 회상이던가,
한 모금 담배를 들여 마시고
한 줄의 반야심경을 내뱉는다.

복 값이 너무 비싸

복 먹고 복 터지러
복 집에 갔다가
얄팍한 주머니 복 보고 놀라
쓴 소주 한 병에다 복 두고 왔네.

그냥 그립다

아무 일 없었던 것처럼
그저 그렇게 잊고 살다가
어느 봄날
아지랑이 피어오르듯
문뜩 그대 생각이 나면
그냥 그립다고 말해도 될까요.

삶과 죽음

죽음의 고통은
삶에 비하면 호사스럽지
고뇌는 끊임없이 찾아오지만
죽음은 한 번으로 족하지 않은가.

항구의 서정

나루에는 이별 싣고 떠나가는 배
시인은 애간장 끊어진다 말했지
세상살이 이별과 만남이 있건만
옛사람은 이별의 슬픔만 노래했네

오늘도 항구에 이별 싣고 가는 배
헤어짐은 언제나 슬픈 일이지만
끊어지는 애간장은 보이지 않고
뱃고동 소리만 물결 따라 흐른다.

구름 벗 삼아

내 삶이 끝나는 날 내 갈 곳은
천당도 싫지만, 지옥도 아닌
청산에 훨훨 나는 나비가 되어
이 산 저 산 떠도는 구름 벗 삼아
들꽃과 얼려가며 살고 싶어라.

치매를 보며

기억할 수 없는 것도
슬픈 일이지만
알아보지 못하니
마음 더욱 아프다
생전에 맺은 인연 저승 살기 힘들어
이 세상 두고 가려 저리도 애쓰시나.

과제課題

하늘이여,
당신의 그늘 아래
헐떡이는 숨소리는
오로지 고통의 소리일 뿐
쾌락이 아님을 아시는지요……

산지포浦 슬픈 사연

그대는 아시나요
산지포에 흐르는 애절한 사연을
연락선 뱃머리 고동 소리 멀어지면
먼바다 수평선 넋 놓고 바라보며
메인 울음 삼키며 손수건 흔들던
애간장 끊어지는 슬픈 사연을
무엇으로 잘라야 잊을 수 있나요
싸늘한 바람 안개 짙은 바닷길에
등대도 서러워서 소리 내어 운다.

흔들리는 촛불

사는 일, 꿈이라면
천국과 지옥이 무슨 소용이며
생사의 무상함을 생각하면
꿈과 현실이 무엇이 다른가
꿈이면 꿈대로 생시면 생시대로
헤아리기 어려운 건 매한가지
세상사 어차피 저절로 오고갈 뿐
사람이 하는 일은 하나도 없네.

---

* 전촉(轉燭:흔들리는 촛불) 불경에 '부귀와 빈천은 흔들리는 촛불과 같다(富貴貧賤有如轉燭)'

이별을 준비하며

덜컹거리며 끊어질 듯 이어지는
두 박자의 리듬 죽음의 느린 걸음
떠돌듯 살다 쉬는 듯 멈추는 삶
무엇이 그리도 애틋하기에
세상사 붙잡고 애를 태웠던가
떠나는 정도 애달프지만
보내는 마음 더욱 슬퍼지는 것은
쌓은 정 보다 버리지 못하는 미움
미움도 정이던가 미어지는 가슴
사그라지는 불빛 어둠이 다가온다.

---

* 賈誼(기원전 200~168) 『鵩鳥賦;복조부』: 其生兮若浮, 其死兮若休 (삶은 떠돌 듯이, 죽음은 쉬는 듯이)

* 이 시를 쓴 5개월 후, 아버지는 9월 24일 임종하셨다.

사랑이여

서로의 눈 안에 스며드는
한숨으로 맺어진 애절한 눈빛
내 것인 듯 내 것이 아닌
그리움 젖어드는 또 하나의 슬픔.

머나먼 길

인생은
머무는 곳이 아니라
그저 스치고 지나가는 길이였구나.

꿈이라면

세상사 모두가 꿈이라면
언제쯤 꿈에서 깨어날까
덧없다, 덧없다 하면서도
선뜻 비우지 못하는 마음.

비명碑銘

죽은 뒤에 할 말이
무엇이 있겠는가
혼령의 말 담을 그릇
이미 썩어 버렸는데.

고달픈 인생

막걸리 한 사발 입가에 묻히고
짜디짠 김치 한쪽 집어 삼킨다
황혼의 그림자 그늘이 번져가는
고달픈 하루가 목구멍 넘어간다.

혼란

슬픔도 기쁨인 듯
밀어내다 끌어안고
미움도 사랑인 듯
미워하며 그리지만
무엇이 참이고 거짓은 무엇인지
한세상 보내기가 고달프구나.

무상無常

어두워 숲 보이지 않더니
어둠을 가르는 닭울음 소리
있음과 없음이 하나이듯
삶과 죽음도 이와 같구나.

어찌합니까

세월이 약이라면 설움이 병인가요
버리고 잊어야지 천만번 다짐해도
지울 수 없는 마음 밉기도 하지만
그 세월이 병인 것을 어찌합니까.

슬픔도 삶의 한쪽

슬픔이 창문을 두드리면
아무렇지 않은 척 웃으며 맞이하라
피하려 애쓰면 마음만 초라할 뿐
쓰리고 아파서 견디기 어려워도
슬픔도 기쁨처럼 삶의 한쪽인 것을
외롭다 생각 말고 가슴으로 품어라.

단 한 번

딱 한 번뿐이라더니
그것이 인생이었구나.

어느 슬픈 이별

_序 : 급작스레 부인을 잃은 윤석산 교수의 슬픔을 생각하며 쓴 시로 고인의 명복을 빌어 본다.

기억 너머로 날은 저물어
어둠은 눈가에 짙어가고
흐린 달 등지고 흐느끼는지
처마 끝 울리는 빗방울 소리

그대는
풀잎에 덮여 잊혀져가고
나는
풀덤불 속에서 우는 풀벌레

산 깊은 곳에 그대 남겨두고
빈방에 멍하니 홀로 앉으니
이런저런 생각이 너무 서러워
울다가 쓰러져 잠이 들었소.

잠깐이나마 보고 싶은 마음
선잠의 만남도 너무 반가워
다가가 손잡으니 웃지도 않고
말없이 돌아서서 가는 그대여

차갑고 냉정한 이 넓은 세상
병든 몸 어떻게 혼자 살라고
무정하게 날 두고 떠나시나요
생전에 고운 마음 매정하구려.

그리움이 찾아오면

그리움이 창가로 찾아오며는
창문 열고 별들을 바라보지만
그리움이 품안으로 파고들 때는
못 견디게 서러워 눈물 납니다
때로는 생각마저 끊으려 해도
사람의 마음이란 바람 같아서
내 마음 내 맘대로 붙잡지 못해
멍하니 빈 하늘만 바라봅니다.

상처

마음은 바람이라 보이지 않고
볼 수가 없으니 붙잡지 못해
흔들려 부딪치며 흔적만 남네.

훗날이 애달프다

뜰 안에 꽃과 나무 가득 심어놓고
밤낮으로 애쓰며 공들여 가꾼 보람
옛사람 떠나가도 꽃은 피고 지련만
세상 이별한 뒤엔 모두 부질없는 일
누구의 정성인지 어찌 알 수 있으리
꽃가지에 숨어 우는 새소리 구슬프다.

이승의 짐

빈 몸으로 가기에도 너무 버거운
죽음 뒤에 가야 하는 멀고도 먼 길
이승의 짐 내려놓고 길 가려 하니
이리저리 얽힌 사연 풀기 어렵다.

사는 게 뭔지

혼백이 들녘을 방황하는
처량하다 황량한 들판의 바람 소리
착한 사람 악한 사람 모두 한 데 얼려
생멸이 없는 곳에 고이 잠들었으니
죽고 나면 선악을 누가 구별을 하리

살아생전 아등바등 모질게 살았어도
죽어서는 한마디 말도 못 하는 것을
남의 마음 아프게 심술만 부렸던고
애달프다 세상살이 사는 일이 무언지
먼 산 바라보니 지는 노을 아쉽다.

새처럼 울고 싶다

눈 내려 뒷동산에 동백꽃 피면
동박새 봄 햇살이 너무 그리워
눈 덮인 숲 그늘에 숨어서 울듯
그렇게 애틋하게 울 수 없을까.

먼 산에 진달래꽃 붉게 물들면
휘영청 밝은 달이 너무 외로워
소쩍새 소쩍소쩍 밤새워 울듯
그렇게 섧고 섧게 울 수 없을까.

3부 : 세상 사는 이야기

꿈꾸는 언덕 위에 작은 집 하나

흩어진 꿈을 고이 엮어서
언덕 위에 작은 집을 지었습니다
바다가 보이는 앞마당에는
매화꽃 한 그루도 심었습니다.

이른 봄날 매화 꽃향기는
농부의 삶을 닮았습니다.
초여름 길목 치자 꽃향기는
세상 살아가는 이야기였습니다

아직은 별들이 떠나지 않은 밤
풀잎에 이슬이 초롱초롱한데
행복한 꿈들이 꽃줄기를 타고
살며시 가슴으로 내려왔습니다

어느 가을 꿈꾸는 언덕에 앉아
황혼이 여울지는 바다를 보며
벗들과 마시는 한 잔의 술
그것이 인생의 꿈이었습니다.

살만한 세상

사랑하는 마음 있어
행복한 세상

기다리는 사람 있어
지루하지 않은

그저 그리워 눈물 글썽이는

그런 세상 있다면
참, 살만하겠지요.

창가에 앉으면

창문 앞에는 뜰이 있다
창틀만큼 아주 작은 뜰
내 안에 뜰 하나 만들고 싶다
꽃이 피고 나비가 나는
손바닥만큼 작아도 좋은
그런 뜰 하나 만들고 싶다.

마음

볼 수도 들을 수도 없지만

이보다 더 변덕스러운 것은 없다.

사랑하는 마음

부는 바람 보이지 않아도
나뭇잎 흔들리듯
생각만 해도 설레는 마음.

다려도 이야기

그대의 마음이 울적해지면
오세요, 다려도 푸른 바다로
물굽이 돌아들어 발길 머무는
물새 떼 울며 나는 북촌 바닷가
달뜬 밤 오고 가는 파도 소리 정다운
갯가를 스쳐가는 세상 사는 이야기
몽롱한 달빛 아래 들고나는 물길 따라
그대의 고운 꿈 꿀처럼 흘러드는
푸른 파도 춤추는 꿈속의 바다
다려도 아름다운 북촌으로 오세요.

---

* 제주시 조천읍 북촌리 마을 앞에 있는 작은 섬으로 물개를 닮았다고 하여 '달여도'라 하며 물고기가 많아 낚시터로 유명하다.

세월은 어디로 갈까요

들에는 푸른 산 그림자 드리우고
달 지는 해변엔 갈매기 울어대는
아득한 하늘길을 돌고 또 돌아
세월은 도대체 어디로 갔을까요

오는 줄 모르고 가는 줄도 모르게
오고 감이 헷갈리며 가버린 날들
세월이 꿈처럼 흐르다 머문 자리
황혼이 한가로이 길게 누워있네요.

인연

무엇을 잊고
무엇을 버려야 하나
아, 많기도 하구나
속세가 남겨놓은 고달픔이여….

새옹지마

죽기가 서러워 그냥 산다지만
살다 보면 지옥보다 못할 때마다
'사는 게 천국이라' 달래며 살지
이리저리 뒤엉키며 살아가는 길
근심 걱정 없는 날 언제이런가
세상살이 새옹지마 하룻밤의 꿈.

안타까운 바람

거짓말은 나쁘지만
때로는 참말이라도
믿고 싶지 않아서
거짓말이었으면 하고
바라게 되는 마음.

신산마루 굽은 길

_신산마루 성굽 마을

비가 오면 여기저기 물이 고이고
울퉁불퉁 구불구불 좁은 성굽 길
모퉁이 돌아서면 조그만 담뱃가게
도란도란 말소리 담 너머 들려오면
창문 열고 함께 웃던 다정한 이웃
이따금 생각이나 가슴 뭉클거리는
보고 싶은 사람들 모두 떠난 골목길
신산마루 굽은 길 어린 시절 그리움.

---

* 제주시 일도이동에 있는 옛 성터마을로 동문시장을 중심으로 서민들의 살던 곳이었다.

가는 세월

세워라, 세워라
소리치며 붙잡아도
못 들은 척 무심히 가는 세월아.

윤회

윤회 1

전생의 업이 오늘의 삶이라면
나는 다시 전생을 가고 있구나

윤회 2

현생의 만남이 전생의 연緣 이라면
언젠가는 우리 다시 만날 수 있겠지.

묻지 마세요

_상상은 행복을 찾아가는 길

해는 왜 동쪽으로 떠오르고
바람은 어디에서 불어오는지
상상을 해보세요 물어보면 안 되요
알아버리면 너무 재미없잖아요
저 푸른 하늘 어딘가에 있다가
어둠 타고 그대 곁에 살며시 다가오던
달 속에 토끼마저 떠나버린 지금
그대가 물어보고 세상이 알게 되면
상상으로 찾아가는 즐거운 여행
우리 모두 꿈꾸며 살 수 없잖아요.

사람 사는 세상

욕심은
배려 없는 이기심

천국은
할 일이 없는 곳

생활은
웃음 속에 감추어진 눈물

세상은
서로 다른 운명끼리 살아가는 곳.

삭이며 사시게

이보시게 친구
우리야 살다 살다 안 되면
죽기라도 하지만
신들은 죽을 수도 없으니
얼마나 살기 힘들겠는가
그러니 삶이 아무리 괴로워도
하늘을 원망 말고
그냥 속으로 삭이며 살아가세.

서글픈 하루

온종일 국숫집에 앉아
손님이 오기만 기다려도
한 사람도 보이지 않는 날
아내를 바라보다 눈 마주치자
나를 위로하는 듯
멋쩍게 웃는 것이 너무 아프다.

눈물

눈물은 도대체 무엇이기에
기뻐서 울고 슬퍼도 울고
세상 사는 일 눈물이라면
얼마큼 울어야 세상 끝날까.

숲으로 가세

친구여,
아무리 슬픈 사연도
세월 가면 한때의 추억이 될 뿐
이제 모든 것 훌훌 털어버리고
술 한 병 사 들고 숲으로 가세
그림 같은 산자락에 설핏 기대어
때마침 기우는 황혼의 노을
오가는 사람 찾아오지 않아도
외롭지 않은 숲속 즐거움
사방을 둘러보니 꿈만 같은데
하늘길 가로질러 별이 흐른다.

쓸쓸한 하루

강기슭 외로운 바람처럼
참 쓸쓸한 하루
가까운 곳에 슬픔이 있어
아주 먼 옛날이 생각이 난다.

기다리는 마음

꽃도 봄이 오기 전
그리움도 만나기 전
사람의 마음 애태우는 건
언제나 하염없이 기다리는 마음.

집으로 가는 길

들꽃이 여기저기 생글거리는
새소리 정다운 비탈진 길은
흰 구름 벗 삼아 걸어서 좋다

솔 향기 흩어지는 산언덕 너머
슬며시 비켜 간 풀밭 돌담길

가랑잎 밟는 소리 놀란 새 한 마리
산언덕 비탈진 보리밭 길은
서둘러 가지 않아 그래서 좋다.

낙화落花

좀처럼 멈추려 들지 않는 적막감
꽃잎 어지러이 날린다
흩어지는 음률 시각의 리듬
나는 들으려 하지 않고 그저 바라본다
침묵 속에 흐르는 소리의 흔적들이
연원淵源의 공간으로 사라지는 찰나

아, 꽃이 떨어진다.
술렁이는 시간 사이로 꽃잎이 흩어진다.

인생길

산마루 넘고 넘어 다시 고갯길
산굽이 돌고 돌아 넘는 길마재
가고 가도 머~언산 아득하여라.

마음이 태산이라면

생각이 태산처럼 커질 수 있다면
크고 작은 나무 되어 숲을 이루고
마음이 깃털처럼 가벼울 수 있다면
구름 되어 한없이 하늘을 가련만
몸은 천근이요, 마음이 만근이라
고개너머 가야 할 길 멀기만 하다.

아버님 첫제사를 지내며

왔다 간 흔적은 남겨놓지 않아도
말없이 조용히 계시다 가시는 듯
바람 한 점 없어도 흔들리는 촛불.

환상 幻想

한순간 구름 일어 엉키다 사라지듯
얽히고설키며 살다가는 세상
누구를 탓하고 원망을 하리
한세상 사는 일이 구름 같은 걸.

집착

과거가 나를 붙잡는 순간

미래는 어디론가 떠나버렸다.